돌머리 새머리 그래도 난 괜찮아

돌머리 새머리 그래도 난 괜찮아

이인희 네 번째 시집

그림과책

| 시인의 말 |

  어디까지가 끝인가. 여기저기 떠돌다가 일이 없으면 다시 일을 찾아 벼룩시장 정보를 보고 또 일을 찾으러 다닌다. 늘 안정된 삶을 살지 못해 굽이굽이 굴곡이었다. 하루하루가 힘이 들어도 잠깐 힘들어했었고 다시 공장을 전전하며 희망이라면 희망일까. 아이들 생각을 많이 했다.
  그렇게 시간이 흐른 다음에 딸아이 월급, 내가 모은 돈으로 제품 공장을 차렸다. 만만치 않은 일이었다. 가계를 잡지 못해 날일 조금 하였고 유연하게 가계를 잡아서 일을 하고 공임도 쌓고 몸만 고생이었다. 남편과 신경전은 잦아지고 서로 대화는 점점 적어져 마음이 답답했었다. 나이 먹어서 남편을 의지하며 같이 있고 싶었고, 식당 음식에 길들여져 이제는 집밥으로 남편을 챙기고 싶었다.
  그러던 어느 날 코로나로 인해 시장 경기는 점점 나빠지고 일은 없고 마음이 불안해지고 보험 해약하고 반지 팔고 그렇게 유지를 했는데 코로나는 더 심해져 공장 가동이 멈춰버리고 하루하루 전쟁 같은 삶을 살고 남편은 내게 말도 섞지 않았다. 내가 공장 운영하자고 해서 내 잘못 같고 죄지은 사람처럼 그렇게 냉랭한 생활이 돼버렸다. 글쓰기로 내 마음을 달래고 매일매일 다가오는 시간은 내가 행복해지는 내 속에 있는 공간이다.
  한국예술인 복지재단 창작 디딤돌 선정 지원금은 내게는 큰 행운이었다. 부족했던 내게 꿈을 꾸게 해주었다. 좋은 작품을 창작하고 싶다. 한국예술인 복지재단 고맙습니다.

2024년

이 인 희

차 례

5   시인의 말

1부

14   봄바람에게
15   버스 정류장에서
16   행복한 이별
17   봄비가 내리다
18   오월의 아침
19   연등 축제
20   가족
22   민들레
23   바람처럼 살고 싶다
24   내 안에 사계절
25   봄 병아리
26   길을 걷다가
27   혼자 피는 꽃
28   꽃샘추위
29   봄날처럼
30   봄 1
31   봄 2
32   새대가리 돌대가리
34   졸업
36   달
37   따뜻한 추억

2부

40 집시 여인
41 비는 내리고
42 유령의 세계
44 장맛비
46 퇴근길에서
48 바람과 나무
49 심장이
50 작가
51 그림 일기장
52 내 인생의 사막에서
53 겨울비 반 봄비 반
54 들꽃
55 각도
56 원형
58 구름처럼
59 보이지 않는 거리
60 인생
62 비를 기다린다
64 인왕산
65 사설 완성
66 내 손가락
67 낮술

3부

70 사랑이 슬플 때
71 노을 속을 걷는다
72 한 줄기 빛이 되었다
73 하루 내 계산법
74 순한 세상
75 코스모스와 작은 거미
76 가을 생일
77 사랑이란
78 거리의 악사
79 거미의 그림
80 꽃 한 송이
81 가을
82 가을바람
83 어느 가을날에
84 바다를 좋아했던 소녀
85 다정한 발길
86 삶은
88 부부 이야기
90 돈이란
92 결혼 반대
94 작업실
96 초심

4부

- 100 겨울나무에
- 101 그리운 내 어머니
- 102 내 안에 모든 것들은 사랑이었다
- 104 꽃은 시기심으로 피는 게 아니다
- 105 겨울 마당
- 106 마음은
- 107 다시 봄
- 108 산 그리고 나
- 109 나를 위한 선물
- 110 삶의 횡단보도
- 112 살고 있기에
- 114 끝에서
- 115 감사해 하루야
- 116 끼리끼리
- 118 현실과 이론
- 120 눈꽃
- 121 차가운 바람
- 122 내 안에 시를 깨운다
- 124 나를 사랑할 것이다
- 126 그냥그냥 사는 거야
- 128 자신감
- 129 욕심

5부

132 빛
133 동화 속 주인공을 만났다
134 혼자였다
135 혼자만의 작은 여행
136 고맙습니다
138 가시
139 멈춘다
140 신발
141 길
142 투명 인간
143 통증
144 맞춤법
146 친구 1
147 친구 2
148 소심한 성격
150 내 일기
151 노을빛
152 돈
153 글쟁이
154 경험
156 아름다운 세상
157 펭귄들 수업 중

6부

160 우리 벽지에 꽃이 피었다
162 내 삶
163 마이너스
164 정지
165 내 삶의 빛
166 너라는 인연은
167 촉
168 비정사
169 사는 법
170 공감
171 이렇게 살고 싶다
172 자유
173 주옥
174 밑그림
175 시계
176 서른의 자유
178 계산
179 행복한 일요일
180 대인 관계
182 중독
183 시 한 편
184 왼손잡이

1부

하늘에서 꽃이 한참을 피어난대
아니 영원히 빛으로 피어난대
이별이 시작되어야 꽃이 피는 거야

너와 나의
이별은 봄에 피는 벚처럼 피어날 것이다

봄바람에게

봄바람이 추워서
부엌 창문 틈 사이로 들어오다
내게 들켜버렸다

봄바람은 잠깐이었다
다시
밖으로 나갔다

그래
추우면 언제라도 와

버스 정류장에서

빛이 없는 곳에서도
가로등 불빛
네온사인은 거리의 밤을 밝히고

발걸음을 이리저리 갔다가
다시
버스 정류장에서 집으로 가는
버스를 기다린다

바람도 쓸쓸한가
차갑기만 하고

버스 정류장 간이의자에 앉아 있는
봄 같은 저 여자는 봄처럼 예쁘다

나도 너처럼 예쁠 때가 있었겠지
내 정거장은 점점 내게 오는 것 같아
고개를 돌리고

내 집으로 가는 버스가 오나
어두운 곳을 바라보고 있다

행복한 이별

겨울비인가
봄눈인가
이렇게 내려도 되는 건가
슬픈 소식이 들려온다

그러나 어쩌면
그다지 슬프지도 않을 수도 있다

그 누구나 약속은 오는 것이니까
내 이별이 그랬다
누구나 서툰 이별이지

하늘 아래서 내리는 비는 너의 슬픔이고
하늘 아래서 내리는 봄눈은 나의 그리움이다

이별은 슬프지 않아
고향으로 돌아가는 거니까
따뜻한 그리움이 하늘에 있으니까

봄비가 내리다

담장 너머 봄비를 맞으며
하늘을 쳐다보고 웃고 있는
저 목련꽃은 봄이다

죽고 또 죽고
봄이 오면 다시 고개를 쳐들고
하늘을 쳐다본다

봄은 온전히 너의 것이다
모두들 고개 들고 쳐다본다, 너를
그러나
땅을 밟고 가는 그 아래도 봄은 온다
가로수 그늘 아래 비를 맞고 피어 있는
들꽃도 봄이다

하늘 아래 사는 모든 것들은
다 봄이다

그래서 잘난 척도 하지 말고
가난한 마음도 우울해할 필요가 없다
누구에게나 봄은 온다

오월의 아침

오월의 봄은 싱그럽고
오월의 봄은 신의 선물입니다

아침 공기는
내가 살아있다고 느끼게 해주는
아침의 소중한 선물입니다

오월의 봄은
아카시아 꽃향기에
산이 취하고
나도 취합니다

아무도 모르게 미소 짓는
오월의 봄

연등 축제

그래도 살 만한 세상이에요
요즘 바빠서 잠이 부족하고 피곤했지만
일요일 출근길
일요일 봄은 너무 예뻤어요

살아 있으니 느끼는 거죠
기분이 좋아서
지인들에게 전화를 했죠
전화번호도 휴일이었죠
봄은 휴일이 없어요

안국역에서
이화동 가는 길은 봄이었어요
봄의 축제
거리의 자유
가끔
내게 봄 같은 날이 옵니다

그럼
그런 날들과 사랑을 합니다
내 삶의 보너스입니다

가족

가족이란 그리움이다
한 곳에서 태어나 사랑을 배우고 양보를 하게 되고
내가 덜 먹고 더 주고 싶은 마음 배운다

성장 과정 같아 그 누구보다 잘 알고
서로 닮은 점이 많아 이해도 쉽게 한다

설 명절이 되면 그동안 따뜻하게 안고 있었던
정을 하나씩 하나씩 나누어 주고
그리웠던 마음을 서로가 보듬어준다

내 딸이 어느새 30대 중반이 되어가고
작은 아이는 30대 초반이 되고
오랜만에 함께한 자리
딸아이와 아들

딸아이는
어린 시절 생각이 자주 난다고 한다
외갓집 이모 삼촌들과 함께했던
그 시간들

그래서 엄마 아빠 동생이랑
함께 밥 먹고 싶었다고
떨어져 살다 보니 더 소중함을 알게 되고
정이 더 그리웠나 보다

사람은 추억을 먹고 산다고
아픈 추억보다 행복한 추억이 많은 사람이
부자라고 하는가 보다

익선동 찻집에 앉아 따뜻한 차 한잔은
그리움을 더 따뜻하게 안아주고
가족이란 행복이 만들어 주는 도구인 것이다

추운 겨울날에 설은 따뜻한 봄이 먼저 와 있었다

민들레

어디든 갈 수 있는 자유는
그것은 평화야

한곳에서 영원히 머물 수가 없어
그러나 잊을 수 없는 거 하나 누구나 안고 살지만
그 또한 가둬두면 안 돼

그곳에서 피어나는
꽃씨를 가둘 수는 없어

사람도 꽃씨도 민들레 씨앗처럼 자유롭게
꽃을 피워야 해

바람처럼 살고 싶다

저게 하늘인가
바다인가

하늘이면
하얀 벚꽃 그려 놓고
봄나들이하고

저 하늘이
바다이면

작은 배 하나 띄우고
하늘에 벚꽃 그림 보면서

바람처럼 살고 싶다

내 안에 사계절

그 해 따뜻한 봄이었다
그래서 마음이 가고 나를 열고
너를 내 안에 들어오게 했고
나를 데리고 나오게 되었고
그 세상은 낙원이었다

그러나 그 세상은 온통 꽃바람이었고
피어 있던 꽃들은 지지 않고
그 어떤 꽃도 필 수가 없었다

꽃을 꺾어버리고 다시 피기 위해서
내 낙원으로 돌아와 봄 동산을 가꾸게 되었고

내 안에 꽃밭은 잔잔한 바람에도
흔들리지 않고 피고 있다
지고 피는 시들

봄 병아리

벽돌담 봄볕이
내리쬐고 아기 병아리

나뭇가지 아지랑이 졸린 눈처럼
고개가 자꾸자꾸 땅에 달 듯 말 듯

봄바람이 지날 때마다 잠을 깨운다
바람도 놀라 달아나고

병아리 졸린 눈도 놀랐다
봄바람은 장난꾸러기

길을 걷다가

봄바람 불길래 꽃이 지겠구나 했지
내가 지는 봄을 걷고 있는데
지나가는 나그네가 길을 묻는다

가는 길을 잃었다고
늦은 봄 길을 걸으면서
그 나그네도 내가 걷고 있는
늦은 봄 길에 초대를 했지, 같이 걷자고

우리들은 가는 길에서 손을 내밀면 잡아주고
같이 가다 보면 심심치 않겠지
그 삶도 내 삶도
하늘 아래에서 하나의 먼지인 것을

오늘 하루는 또 하나의 소중한 삶을 내 가슴에 안고
또 기억을 하겠지
너도 나도
많이 힘들게 살았구나
잊고 또 저장하고 그렇게 사는 거지

*이 글은 문학 밴드에 활동하신 곽상근 그분에게 바친 글입니다. 곽상근 님과 소통 중에서

혼자 피는 꽃

혼자서 싸우는 이별은
곧 헤어질 것이다
아니 이미 끝이 났어

곧 내게도 즐거운 날이 올 거야
하늘 아래서 꽃바람을 몰고 다닌대

그렇게 하늘에서 꽃이 한참을 피어난대
아니 영원히 빛으로 피어난대
이별이 시작되어야 꽃이 피는 거야

너와 나의
이별은 봄에 피는 벗처럼 피어날 것이다

꽃샘추위

어떻게
겨울보다
봄이 더 추워

아직은
봄은 아니에요
겨울을 떠나보내고
봄을 맞이하는 거예요

봄날처럼

지금까지 걸어온 길은 잘 생각나지 않아요
힘들었던 지난날들을 기억하라고 하면
그냥 웃고 말래요

어제는 흐리고
오늘은 맑은 하늘
하루하루가 달라요

언제
또
힘든 날이 올지도 몰라요

그러나
난 지금도 나를 걷고 있을 뿐이에요

봄 1

어쩌면 너의 차디찬 말 한마디가
내게는 봄일지도 몰라
그 공간은 계절이 없었어

꽃을 피울 수가 없었어 그리고 겨울만 무성했어

봄이 오기 전
너의 차디찬 말 한마디 그 말은 내게는 봄이었어

처음처럼 돌아갈 수는 없지만
다시 걷다 보면 따뜻한 계절이 오겠지
모든 계절은 내게 있다는 걸
아무리 봄꽃이 활짝 피어도 곧 질 텐데

지금은 봄이야
내 마음도
난 또 다른 봄을 만나겠지

봄 2

입김 모락모락 피어날 때
바람 따라 가는 길
향기 몰고 와
나도 바람 되어 따라가리
가다 보면 하늘에 구름 돼서

꽃비 내리고 잠자던 님
입맞춤으로 봄을 깨운다
아지랑이 눈가에 눈곱 떼어주고
차가운 가슴 꽃을 피울 때
눈이 부셔 쳐다볼 수 없는
아름다운 봄

새대가리 돌대가리

내가 세상에 태어나
내게 안겨준 짐들
아홉 살 국민학교 입학식
선생님은 내게 하얀 종이에
7이라는 숫자 써놓고 내게 묻는다
나는 4라고 했다
다시 4 쓰고 내게 묻는다
나는 7이라고 했다

그때부터 나는 숫자라는 것은
계산하지 않고 살았다

계산이라는 숫자를 순서대로 값을 치르고 살자
어느 누구도 헛되지 않은 삶을 살지 않았을 것이다

사람을 돌대가리 새대가리
그렇게 계산을 한다
얼마나 잘난 세상을 살았는지 모르지만
사람은 함부로 평가하는 게 아니다

저마다 각자 사는 방식이 다를 뿐

다 하늘 아래에서 공존하면서 사는 거지

새대가리
돌대가리
그래도
난 괜찮아!

내 삶을
내가 사랑했던 모든 것들을
그리고 걸어왔던 길들을
사랑하고 감사할 뿐이다

졸업

너의 뒤 그림에서 나올 수 있는 자유
나를 가둔 것도 아닌데
내가 나오지 못했던 건 첫정
내 영혼을 자유롭게 그릴 수 있는 공간이었다

그 행복함은 정말 따뜻하고
영원할 것 같은 생각을 하고
그렇게 지내고 아침이 되면
따뜻한 커피 한잔
시 한 조각
내 아침 따뜻한 식사
내 안에 나를 웃게 하고
행복한 시간이었다

내 그림 팔려고 그리지는 않았지만
내 그림이 시가 돼 얼마큼 커져 있었나
궁금하고 욕심도 생기고
그러나 생각하는 것만큼 부족했었다

나도 욕심이란 것이 내 안에 있었구나
그러나 시험 문제처럼 그런 방식은 아니었지만

늘 시험공부하는 것처럼 설레이고
내 글에 무슨 표정을 달고 올까
그런 표정을 이해하고 느낄 수가 있었다

글을 읽는 사람의 생각이 다르고
감정이 다르고
느낌이 다르고
그렇게 알게 되었다

난 늘 국민학생이었다
난 중학교 1학년 봄까지만 기억에서 머물다
오늘 국민학교 졸업식을 하고
중학교 입학식을 준비하고 있다

순수했던 그 아침 교실 문을 열고 들어가면
내 책상과 의자가 없는 날이 많았지만
그래도 아련한 추억은 많다

그 어린 시절 추억처럼 그 문단에서도 그랬다
나는 그렇게 이별처럼 졸업식을 해야 한다

달

마음이 참 편하다

다 놓으라고 욕심을 버리라고

하지만
딱 한 가지
자신감 그거 하나만 놓지 마

내게 말을 한다
저 달은

따뜻한 추억

존경했던 것도
믿고 싶었던 것도
나의 순수한 마음을 주고 싶었던 것이었다
가난한 내 삶 속에 너는 소풍 같은 추억이었다

살면서 수많은 사람을 만나고 헤어지고
돌아보면 아무것도 보이지 않지만
가슴이 기억하는 사람이 얼마나 될까

가끔 안부 전화를 하거나
문자 메시지 안부는
아직도 따뜻한 마음에 나오는 안부이지

그러나 그런 것들이 점점 멀어질 때는
관심에서 벗어나는 과정이지
60 선에 들어서는 지금 나는
그래도 감사했다고
그렇게 말을 하고 싶다

사람들의 정은
서로가 만들어 가는 것이다

2부

내가 가는 이 길은

사막 같은 길에서

비를

꽃을

바람을

만나리

집시 여인

안개비가 하얗게 내리던 아침
중학교 1학년 소녀는
학교 정문 앞에 가마니 위에
안개꽃을 안고 잠자는 모습을 보았다

집시 여인의 영혼이
안개비 타고 하늘에 가는 날
하늘도 슬퍼서 안개비를 내려보냈을까
거리를 떠돌다
외롭게 지쳐서

하늘이 데리고 갔을까
그녀를 하늘이 안았을까

안개비가 내리는 날
숲속을 걷다 보면
집시 여인도 동행을 한다

비는 내리고

어둠이 내리고
밖에서는 빗소리가 들리고
천둥이 치고
나는
지금 비를 피하고
천둥소리를 듣고 있다

어린 꽃잎은
비를 맞고
천둥소리를 듣고
무슨 생각을 할까

어두운 곳에서
그 순간이 지나
내일 아침이 오면
아무것도 모르는 것처럼
웃고 있겠지

너도
나처럼

유령의 세계

친절한 말 한마디는
주머니 속에 들어있는
정 하나 더 주고 싶어한다

건성건성 말 한마디는
돌아서면 생각이 나지 않을 수도 있다

돈을 주고 사는 친절은 아니지만
가시 같은 세상
말에서 피는 꽃은
온 세상을 예쁘게 피게 한다

불친절은 다시는 가고 싶지 않을 수도 있다
말씨도 음식과 같아
또 오고 싶은 곳이어야 한다

너 하나쯤이야 그렇게 생각하면
그때부터 천천히 죽어 갈 것이다

교만은 건방진 것이다
사람을 가리면서 상대하는 것도 건방진 것이다

하루 이틀 급하게 변하는 것은 아니다
천천히 인간 반 유령 반 그렇게 변해가는 것이다

가도 가도 끝도 없는 가면 속의 세상은
숙제다
그러나 그 문제를 풀고 싶지는 않다
내가 걷고 있는 길도 숙제다

언젠가는 죽어 갈 것이다
거친 말 불친절 마음을 어둡게 하는 말들

아무리 힘든 삶을 살더라도
가시 섞인 말은 하지 말라 한다
말은 꽃씨인 것이다

장맛비

조그마하게 들리는 작은 빗소리
그 속에서 들리는 음성
비 내리는 소리는 참 좋아요

그러나
지금 내리는 빗소리에서 그 음성이
이제는 궁금하지 않아

난
장마가 시작되면
발이 젖지 않을 신발 하나 사 와야지 생각하고 있어
출퇴근 시간에 신을 신발

사람은
지나가는 것들을 잊을 수가 있어
살 수 있는 거야

또
그렇게 살아야 하고
사람이나 자연이나 같으니까
그때그때 해결하며 다시 시작하며 사는 거야

지금 밖에 내리는 비는 하루 종일 내릴 수도 있어
그러면 그냥 비를 맞고
또 바람이 불면
젖은 가슴을 말리면 돼
그렇게 살면 돼

퇴근길에서

하루 종일 비가 내리고
어둠이 찾아오고 막차도 끊어지고
비를 맞고 새벽 퇴근길을 걷고 있다

택시조차 잡기 힘든 시간
언제 우리가
이렇게 걸어 보겠어

너와 나는 짜증도 화도 내지 않고
여름 장맛비를 맞고 걸어갔다

이 시간에 술에 취한 사람
지금이 몇 시인지는 알까
벽에 기대고
술에 취해서 집으로 가는 길도 잊어버렸나
비를 맞고 고개 숙이고 땅만 쳐다보고 있구나

저 사람은 오늘 무슨 일이 있었길래
술에 취한 채 집에 가는 것도 잊고
비를 맞고 있을까

다 사는 방식이 다르니
그래도 이해할 수는 있지
우린 늘 배고픈 삶을 사는 거니까

뒤를 돌아보니 남편이 터벅터벅 걸어오고 있다

광화문 광장은 공사가 아직도 끝나지 않고
내 발걸음은 조금 힘이 들었다
조금씩 비가 그치고 있다

한동안 장대비가 한참을 내렸지
집도 잃고 시간도 헛되게 보내고
그러나 그 시간들은 다시 설 수 있는
힘을 주었지
너와 나는 그렇게 살았지

그러나 지금은 괜찮아
어두운 길을 같이 걷고 있으니

너와 나는 돌아갈 곳이 있으니까
편히 쉴 수 있는 집이 있으니까

바람과 나무

잠시 멈춰버린 내 발걸음
바람이 심하게 불길래

그냥
보고 있었지

정신없이 흔들리는 저 나무
무슨 죄인가

가만히 서 있을 뿐

갈 데가 없어 계단에 앉아서
너를 바라보고
나를 바라보고
어떻게 할 수 없는 것들

한참을 바라보고
바람이 멈출 때까지 기다리는 것밖에

심장이

새벽 산길을 천천히 걷다가
그 누군가가 뛰어갔다
뛰면 숨이 찰 텐데

그냥 천천히 걷다 산 공기도 마시고
새들 노랫소리도 듣고
새벽바람과 눈인사도 하지

왜
숨이 차게 뛸까
그래서
나도 뛰어보았다

심장이 뛰고
가슴속에서 힘들었던 그 무엇과
밖으로 나오는 느낌을 느꼈다

사는 게 힘이 든 게 아니라
내 속에서 힘든 그 무엇을 담지 말아야 하는데
자꾸 그것들을 담고 있는 거지
약한 마음에

작가

답답한 세상에서
벗어나고
마음을 풀고
바람처럼
그렇게 살고 싶다

길을 가다 보면 고개를 숙이고 걷는다
가다 보면 나도 모르게 고개를 돌리고
먼 산을 바라본다
그것 본능이다

내가 그 길을 가고 있는 거다
그것 내 길
내가 원해서 가는 거다
내 마음이 가는 길을 나도 따라간다
그 길은 내가 원한 길이다
선택은 절대 없다

이제는
그 선택을 저버리고 싶다
그 속에서는 내가 없었다

그림 일기장

그래 허술했던
너의 자리 틈 없이 비가 새지 않게
찬바람이 들어오지 않게 지어줄게

지나가는 사람들 편히 쉬어가고
가슴에 시 한 편 새기며
다시 또 오고 싶은 집으로 예쁘게 지어줄게

사계절의 향기를 가득 안고 있는 집을
오늘도
내일도
일기를 쓰고
그림을 그리고

어제도 오늘도
늙어 늙어 가겠지만
시도 글도 그림도
영원히 늙지 않는 영혼인 것을

내 인생의 사막에서

태양빛이 내리쬐고
바람 한 점 없는 거리
지금 사막 같은 길을 걷는 것처럼 보여도
내가 가는 이 길은 사막 같은 길에서
비를
꽃을
바람을
만나리

인생은 어차피
사막처럼 늘 갈증에 목마른 길을 걷는다

인생은
사막도 소나기도 태풍 같은 삶을 산다
그렇게 그렇게 살다가
어둠 속으로 사라지는 것을
무얼 바라고
오늘도 사막 같은 길을 걷고 있을까

그래도 삶이라는 것을 값으로 계산할 수가 없는 것이다
사람은 빛을 안고 산다

겨울비 반 봄비 반

살짝 서늘하고 선선하고
마음이 허한가
이랬다저랬다

비가 내리려고 바람이 불었나
밤이 되면 낯선 얼굴 하나
젊은 날 꽃 같은 얼굴은 어딜 가고
아픈 아이처럼 칭얼대고
그러다가 표정이 어두워지고
꼭 장맛비가 내리는 것 같은 슬픈 얼굴

너무 많이 걸어서 다리가 멍들었나
피가 돌다가 멈춰 버렸나
침묵은 그대의 답이다

보내는 말
다시 내게로 돌아온다
답이 없다

봄이 가고 여름이 오면 그대로 거기에 서 있을까

들꽃

오늘은
하늘 빛이 참 곱다

왜 고운 줄 아니?

온실 속에 꽃들은
때가 되면 물을 주고 영양분을 주지만

들에 핀 꽃들은
가끔 어둡고
따뜻한 빛
그리고
비가 내리고 바람이 불어야 사는 거란다

왜 하면
죽지 말라고

어쩌면 우리 모두 들꽃 같은 존재일 수도 있어
그래서 모든 것들은 사랑이 필요하지

각도

사람에 따라
언어가 달라지고
행동이 달라지고

사람은 꽃보다 아름답다고 말하지만
현실은 멀리 있는 것 같아

송충이는 솔잎만 먹고산다고
이런 속설에 비유하지만
다 사람들이 만들어서 내는 말
하느님은 모두에게 공평하게 내려주신
꽃
바람
비
눈꽃
이 모든 것들을 내려주신 것이다
가난하다고
배우지 못했다고
밟고 가면 안 된다
그러면 언제 가는 너를 밟고 가는 사람도 있다는 걸

원형

한때는 순수한 마음으로 살고 있었죠
다 예쁘고 신비롭고
더 깊이 들어가 보면 적당히 아름답고
신비하지도 않고
몰랐을 때는 근사하게 보이고
그러다가
서서히 보이기 시작하는 것이
사는 세상 방법 다 다르다는 것

좋으면 좋은 대로 보고
미워하지 말고
못난 사람 못나게 보지 말고
한 인간으로 보고

좋은 글은 많지만 따뜻한 말은 부족한 세상
어디서 만날지 모르는 세상
살다 보니 참 돌고 도는 세상

뒷모습이 예쁘게 산다는 것이
힘든 세상일지라도
마음을 이용하면 안 된다

짧은 인연일지라도
좋은 감정으로 살아가는 게 중요하다는 것 같아

인연이라는 게 그렇게 이어 간다는 것이
정말 많은 노력이 필요하다는 걸 많이 느꼈다

구름처럼

너는 아니
저 하늘에
누가 그림을 예쁘게
그리고 있는지

바람이 지나가는 길에
그려놓고 가는 거야

지금도
바람이 그리고 있지
아주 조금씩 다르게

그래서
똑같은 그림은 없는 거지
저 구름처럼

보이지 않는 거리

 덫을 깔아 놓고 그 길을 밟고 가기를 바라는가
 선할 거라고 한 점 의심도 없이 걷다 보면 넘어지고 돌부리에게 파이기도 하고 웅덩이에게도 빠질 수가 있다

 저 멀리 보이는 것이 빛일까 악마의 불빛일까 그곳에서는 따뜻한 온기가 있을 것이고 사람 냄새들이 향긋하게 머무는 곳이라 생각할 수도 있겠지

 서성이다가 그 길을 걷기 시작을 한다
 새들 노랫소리
 바람의 노랫소리
 아름다운 꽃향기가 알 수 없는 세상, 한 번도 가보지 못한 세상, 그 길 끝에서는 알 수 없는 미로의 길들이 많았다

 멀리서 보는 것과 마주하는 것 많이 다르다 그러나 그것도 내 중심을 잃어버려 더 흔들리 때도 있겠지
 그러나 발끝에서 잡고 있는 것 내 이름이었다

 그 길은 악마의 길도 거친 길도 아니었다 사계절의 길을 걷고 있었던 거였다

인생

어떻게든 산단다
그러니 걱정하지 말아라
마음 편하게 잘 해주란다

험난한 세상도 살다 보면 그렇게 젖어 젖어
사는 거라고
걷다가 뒤를 돌아보지 말고 앞만 보고 가면
또 다른 길이 있단다

어느 누구에게나 아프게 하지 말고
친절하게 웃는 얼굴로 대해주고 감사하는 마음
고맙다고 인사하는 마음은 절대 아끼지 말고 살자

사람은 누구나 혼자인 것을
가끔 친구 하나 생기고 둘이 생기고 그러다
또 떠나고
뒷모습이 항상 예쁘게 살자

내게 막말을 하면 몇 번은 참고 그러다가
계속 멈추지 않으면 끝을 내리고
그런 다음

이런 일을 피해 가라는 시험이라고
마음 조금 상하면 어때서
살다 보면 이런 일 저런 일 경험도 하고 사는 거지
다시는 마음을 화나게 하지 말자

더 많은 경험을 하고 살 수가 있어
그러나
조금씩 비를 맞는 거라고 생각하자

그리고
바람도 있잖아

그냥 얻어지는 게 아니라고 다 값을 치르고 받는 거라고
그렇게 그렇게 배우며 사는 거라고 돈을 지불하면서
그렇게 사는 거라고 하늘만 계산을 하지 않는다

비를 기다린다

풀지도 않고 자꾸 쌓아두고
그 문제를 피하고 지난 거니까
잊고 다시 잘 지내자고 한다

시간이 조금 지나면
다시 반복된다
하루 종일 어제 일들을 생각하다
미싱 바늘에 손가락이 찔리고
혼자 지혈하고 있는데
남편이 비상약을 가지고 와
상처를 치료해 준다
지금 내 가슴 속에서는 비가 내린다

미싱 바늘에 찔리면 혼자 치료하고
아무렇지 않게 다시 미싱을 하고
서운하지도 않았었다

마음이 약해지고
남편의 보지 못했던 모습을 보고
아무런 말도 하지 않고
손가락은 쓰리기만 하다

퇴근길 아무 말 없이 집으로 가는 길에
처음 만났던
너의 모습도
나의 모습도
보이지 않는 상처들이 있을 거야

그 상처는
세월이 가지고 가
보이지 않겠지만
옥상에서 빨래를 걷는데
새싹을 보니
사랑은 새싹처럼 자라고
또 자라고 하는 것 같아

다시 한번 너를 본다
오늘은 비가 내렸다
상처를 지우는 비가 내렸다

옥상의 텃밭 주인은
비를 기다리고 있었다

인왕산

높은 곳에서
아래를 내려다보니
내가 걸어 오던 길은 보이지 않고

나와 상관없이
하늘만 푸르고
힘들게 걸어온
나는

숨이 차 숨 고르기를 하고 있구나

사설 완성

지금
식탁이 초라해도
마음이 행복하면 이것만으로 더할 것 없다

내 아버지는
늘
아침 밥상을 보고
간장 된장 김치 더 필요 없다 했지

나머지는 다 사설이다

내 손가락

내 손가락
한마디
한마디
통증 39년

바늘에 찍힌 세월의 흔적
그 많은 옷들은 지금 나처럼 많이 늙었겠지

내
열 손가락 마디마디는 추억이 있다

손가락
바늘에 박혀 상처가 생기고 다시 아물고

내 손가락 상처는 내 생의 재산이 되고
감사하게 생각하며

내 손가락을 서로 비벼준다

낮술

혼자 있는 집은 좋다
그래서 아침부터 취해본다
마음이 편하고 지금 내 마음속에는
아무도 없다
혼자 있는 집에 나 혼자이다
쌓인 스트레스를 이렇게 푼다
그냥
아무것도 하지 않고 티브이를 보고 노래를 듣는다
이 공간에 있는 나는 아무도 모른다
나만이 알 수가 있다
가끔 나는 이런 시간을 혼자 느끼고 산다
진짜
이게 외로운 거지
근데
나는 좋아
내 눈은 지금 아무것도 보지 않는 시선
내 눈은 지금 휴가 중

3부

아버지의 삶도 지는 노을처럼

소주 한잔에 삶을 이야기하고

아버지의 얼굴에는 어느새 노을이 지고 있었다

사랑이 슬플 때

그해 가을은 네가 너무 미웠어
가을이 오는 길 드라이브하면서
아무 말을 하지 않고
나는 창밖 가을을 보고 있지

산길을 걸어도 앞만 보고 갈 뿐
내 손을 잡아 주지 않았어
내 마음속은 겨울이었지

마주 앉아 식사를 할 때도
아무 말 없이 고개만 숙이고 밥만 먹었지
너의 등 뒤에는
국화꽃은 너무 이뻐서

나는 국화꽃만 쳐다볼 수밖에 없었지
너는 다른 곳을 바라보고 있었고
그해 가을에 국화꽃만 쳐다보았어
그 가을은 참 많이 아팠지

그해 가을이 오면 국화꽃이 피어있는
산속에 작은 식당은 슬픈 가을이

노을 속을 걷는다

서쪽 하늘 지는 노을을 보면서
내 아버지는
토방에 앉아
남은 소주를 혼자 마신다

아버지의 삶도 지는 노을처럼
소주 한잔에 삶을 이야기하고
아버지의 얼굴에는 어느새 노을이 지고 있었다

노을 지는 길을 걷다 보면
노을 속에서
아버지는 소주 한잔에 삶을 달래고 있다

한 줄기 빛이 되었다

한밤중 불 꺼진 창문에 비치는
밤하늘

한 줄기 달빛이
잠을 자고 있는 나를 깨우고
달빛에 눈을 떼지 못하고
한참을 바라보다

달빛은
한 줄기 빛이 되어
어두운 창밖을 맴돌다 조금씩 사라진다

눈을 감고 달빛을 품는다
그렇게
한 줄기 빛이 되어 나를 감싸 주었다

하루 내 계산법

너의 눈빛 불안하다
짐을 하나씩 내려놓고 싶은 건가
다정하게 변해가는 것도 부담스러울 만큼
냉랭했던 시간 익숙한 날들
이제는 따뜻한 눈빛도 불안하다

조금씩 변해가는 모습이 아프다
난 정리가 잘되지 않는다
가을비는 많이도 내린다
피곤하게 지친 몸도 익숙해지고
산책 갈 시간도 적어지지만 이것도 익숙해진다
모두 것들이 아무렇지 않게 변해가고 있다

그리운 것도 그리운 게 아니라
계산을 하며 사는 세상이었다
더 이상 줄 것도 없는 셈법
이제는 모든 것이 계산이 따른다

그러나 충분히 셈법을 해야 한다
오늘 하루 내 노동의 계산은 힘이 들었다
요즘은 죽은 듯 잠을 청할 수가 있어서 참 좋다

순한 세상

순한 마음은 길거리에서 비를 맞은
작은 낙엽이 되어버렸다

내 세상은 작은 꽃이 되고
그 누구도 볼 수가 없었지만

그러나
내 작은 세상도 꽃을 피울 수가 있었다

코스모스와 작은 거미

난
가을을 닮은 코스모스
내 작은 가슴 한쪽에 살며시 스며드는
너는

가을을 찾았구나
이 가을이 지고 나면
너와
나는 없겠지만

기억할 수 없는 이 가을 속에
너와
내가
함께할 수 있었다는 게 그것만으로도
행복했다고 누구에게 말을 하지?

*인왕산 산책길에서

가을 생일

퇴근길
길을 걷다가 예쁜 옷 가게 앞에서 발길이 멈춘다
가을옷이 눈에 들어와 나도 모르게 가계로 들어갔다

마음에 든 롱 남방을 고르고 입고
거울에 비치니 잘 어울린다
가격이 사십만 원이란다
그래도 아무 생각하지 않고 3개월 할부로
사버렸다

옷을 사 들고 횡단보도에서 신호를 기다리면서
너무 비싼데 후회 절반
순간 떨어지는 낙엽을 보고 내일이 내 생일이구나
늦은 가을

그래
내 선물이다
그래 그렇게 생각하자
퇴근길 버스 안에서 쓸쓸한 내가 참

사랑이란

내 사랑은 아름답지는 못했으나
꽃을 피웠고
따뜻한 향기도 가득했었다
비바람은 불었어도 빛은 항상 머물고 있었다

늘 선선한 바람은 들어오고
계절이 찾아오고 사랑도 잔잔히 찾아오고
어쩌다 쉼을 할 때 작은 사랑 한 보따리 들고
산들바람 부는 들판

가슴을 열고 신선한 바람을 안고 들에 핀
꽃들을 보게 해주고

작은 음식점에서 처음 보는 음식도 사주고
풍족하게 살지는 안 했지만
그래도 따뜻한 삶이었다

뒤를 돌아보면 그 많은 시간
세월 다 기억할 수는 없지만
또 기억한다고 해도 추억일 뿐
사랑이란 이런 걸까

거리의 악사

춤꾼도
글쟁이도
희극인도
무대가 없어도
노트가 없어도
끼를 밖으로 꺼낼 수가 있다

우리는 무대 위에서 살지 않는다
이 가을 하늘 하나면 있으면 된다

지금 내가 서 있는 이곳이 무대이고
관객이다

내가 관객이고 주인공이다

거미의 그림

이른 가을
산속 길가에 그림 하나 그려놓고
전시회를 하고 있었다

먼발치에서 바라보고 있는 거미는 무슨 생각을 할까

너의 작품은 훌륭했다
이렇게 말을 전했다
나는

*산책길에서

꽃 한 송이

가을비는 떨어지는 꽃잎마저도 슬프게 했다

약한 것 같아도 한동안은 꽃으로 살면서
세상을 밝게 하고 질 때도 슬프지 않게

서늘한
가을비에도 눈물을 보이지 않았다

가을

내 마음은 가을이다

한차례 장마 같은 비가 한참을 내리고
가슴속에 스며들던 장마 같은 슬픈 비는
아직도 마르지 않았는데

가을 같은 날이 다가오고 있다
목말랐던 내 삶의 길에 장맛비는
지친 나를
깨워준다

가을바람

어디서부터 불기 시작한 바람인가

그래서
가을 하늘은 구름 한 점이 없는 건가

가을은 다 놓고 가는 건가
가을바람이 차갑게도 부는구나

겨울은 아직도 멀리 있는데

어느 가을날에

난
그냥
서 있기만 했는데

가을바람이 자꾸 스치고 지나가네
그래서

난
가을 국화꽃인가

바다를 좋아했던 소녀

바다를 좋아했던 나는
섬을 안고 있는 사람에게 시집을 갔다

가을이 오고 겨울이 오면
그 섬 안에 나도 있었다

뒷마당에서 들어오는 파도 소리는 한번 잠을 자지 않는다
비린내 나는 바다가 있는 곳으로 나는 가고 있었다

한참을 바다를 바라보다가
하늘에 떠 있는 저 별은
밤만 되면 몰려드는 것이
너희들도 나처럼
파도 소리가 좋아서 찾아왔니

섬 밤바다는 밤하늘도 함께 했다
그리고
나도 있었다

다정한 발길

마음이 편하면
말소리도 얼굴 표정도 걷는 거리도
참 다정하다

저 여자 얼굴은 봄꽃을 닮았다

난
지금 무슨 표정을 하고 걷는 걸까
가을빛은 내 눈에 들어와
한쪽 눈을 감게 하고 배시시 웃게 한다

내 앞을 걸어가고 있는
저 연인들의 뒷모습은
다정하게 가을 오는
길을 걷고 있다

지금 이 순간이 참 좋다
나도 이 가을을 함께 걷고 있으니까

삶은

알고 보면 사는 게 별 거 없는 거 같아도
그래도 참 좋은 것들도 많아
능력이라는 것은 힘이 있는 것 같아
노년을 바라보고 있는 이 공간은
두려움보다 어떻게든 살아진다는 게 감사해진다

비록 그동안 마음이 좀 힘이 들었지만
다 지나가고
내 선 안에서 소소하게 즐길 수 있는 것이 있어 좋고
가끔 그리운 친구 하나둘 만날 수가 있어 좋다

지금도 내 손에 쥐고 있는 짐 하나둘
힘이 들 때 이거 좀 들어줘 이런 말은 못 하지만
그래도 혼자서 사는 것보다
둘이라는 게 힘이 된다는 것을 알기에
조금도 서운하지 않았다

내가 지금 글을 쓰지만
이것은 나를 달래는 게 아니라
그 무언가를 할 수 있다는 게 좋고
건강한 몸을 갖고 있어

돈을 벌 수 있다는 게 감사하다

난 건강만 허락해 준다면
손끝에서 일을 놓지 않을 것이다
이것이야말로 내 능력이다

어제는 쉬는 날이라
비도 조금 내리고 산에 갈까 하다가
친구 사무실을 찾아갔다
친구가 일하는 모습을 보고
정말 예쁘다 혼잣말로 하고
믹스커피 한잔 눈웃음으로 오가고

잘 지냈어!

가을비가 내리는 화요일
따뜻한 점심 식사는 오래도록 기억할 것이다

내 친구 진금순이랑

부부 이야기

일주일 참 바쁘게 가는 줄도 모르고
오늘이 토요일이다

달력을 보니 토요일이구나
그래 일만 하자
그래 일만 하자

그렇게 생각을 하고
벌써 한 주 끝이 가고

부부라는 거
같이 있다 보면 밑바닥까지 보게 된다

참다 참다
샘플 작업을 하는데
어찌나 앞에서 잔소리를 하는지
나도 모르게 소리쳐 버렸다
작업장이 떠나가도록 소리 질러 버렸다
참았던 화가 밖으로 나오고
나는 멍하게 미싱 바늘 끈만 보고
바보처럼 웃고 있었다

산다는 것이 무얼 의미할까
이제는 서로가 너무 지겨운 것일까
서로가 지쳐서 그러는 것일까
얼마나 더 아프게 살아야 말의 상처가
꽃으로 피게 될까

작업 정리를 하고 현관 밖으로 나와
늦가을 찬 바람은
그래 잘했어
그래 잘했어
내게 말을 하고
눈에 흐르는 눈물은
찬바람이 안아준다
서러운 나를 따뜻하게

퇴근길에 그래 살고 있으니까
어두운 곳도 볼 수가 있지
마음속에서는 참 많이 밉다
네가

돈이란

아침이 되면 갈 곳이 있다는 게
참 감사하다

돈을 벌 수가 있는 것이다
비록 노동의 대가는 얼마나 가치가 있는지는 몰라도

이마에 구슬땀이 흘러 내리고
등에 땀이 젖어 있어도 행복해야 할 일이다

한때는 작업장 문을 열 수가 없었다
하루하루 돌아오면 머릿속에는 온통
불안한 생각 밀려오는 모든 것들을 해결할 수가 없다

돈이란
꼭 필요한 것이다
돈을 벌어서 내 아이들과 형제 친구 지인들
관계가 이루어지는 역할을 한다

어제는 남편이 점심 식사는
밖에 가서 먹자고 해서
조촐한 식사를 했다

가을이라 그런가
마음이 부자가 된 것 같았고
잠시 행복감을 가졌다

돈이란 속물일 수도 있고
계산 적일 수도 있고
뇌물로 쓸 수도 있지만
꼭 필요한 존재다

돈을 벌 수가 있기에 감사하는 마음으로
몇 분에게 성의 표시를 했다

가을옷 주문이 계속 들어오고
어쩌면 한참을 바쁘게 살 것 같아
곧 죽을 것 같은 삶을 살아도 언젠가는 꼭
좋은 일이 생긴다는 것을

결혼 반대

막 떠오르는 아침 햇살
가을 홍시감 같다

대봉감을
겨울바람 조금 들어오는 창문 모퉁이에
나란히 나란히 놓고
퇴근하고 집으로 돌아와
조금 차가운 홍시감을 손가락으로 찔러본다

조금은 차가운 사랑
조금은 달콤한 사랑

그렇게
내 부모님
반대 차가운 사랑
나의 달콤한 사랑

늘
가을이 오면 내 남편 처갓집 감 사랑
남편의 달콤 홍시감 사랑이었다

이제는
가을 홍시감도
추억이 돼버렸다

작업실

남보다 부부가 낫다고 하지만
막상 같은 공간에서 마음이
상할 때도 많았다

모르고 살았으면 좋은 것들
하지 말아야 할 말들
뭐가 불만이 많았는지
말 횟수도 적어지고

식사를 할 때도 말 한마디 하지 않고
다른 곳을 바라보고 식사를 하고
시선은 서로 다른 곳을 보고
나이 들면 한곳에서 같이 일을 하고 싶어서
조그마한 작업장을 차렸다

마음 편하게 일을 하고 싶었던 것인데
남편은 다른 사람과 별다른 게 없다
내가 일이 조금 서툴면
참지 못하고 화를 내고
짜증 내는 모습은 더 이상
보고 싶지 않았다

서로가 감정 상하고
서로의 밑까지 보면서까지
더 가고 싶지 않았지만

그래도 참고 또 참고 살아야 했다
요즘은 작업 주문이 많지 않아
이른 퇴근을 한다

이화동 골목길은 따뜻했다
이화동 하늘에는
구름도 한 점 없고

갓길 나무 그늘에 앉아서 장기 두는 할아버지들은
그동안 삶을 저 멀리 보내고
남은 삶은 장기판에 놓고
그림을 그린다

이화동 골목길은 가을이 오고 있었다

초심

모른 척하고 계속 그 길을 걸어야 했을까
더 가야 한다면 모른 척할 수가 없었던 거지
틀렸다 아니다 그런 문제가 아니다

비록 풍경과 비교할 수가 없지만 어느 누구나 처음 시작은 서툴다는 것을 하나 보고 둘을 보고 그러다 보면 느낌으로 행동으로 알 수가 있는 것을 모든 게 상대적이다

어떻게 해야 할지 관계가 지속적으로 이루어지기를
좋은 사람 나쁜 사람은 없다
다 내가 만들어가는 것이다
물질이 오고 가고 정이 오고 가고
서로가 알아가는 과정에서 보이지 않았던 게 보이고
행동과 말이 거칠어지고 이것은 본성일지도 모른다
그러다가 선에서 벗어나는 말도 나오고 나이가 적든 많든 존댓말은 그 사람의 선인 것이다 아무리 만만하다고 함부로 대화고 거친 말투는 고칠 수가 없나 보다

사람이 좋아 그 환경이 좋아 내 생각만 하고
다가갔던 거 내가 생각이 많이 부족하고 세상 흐름도 모르고 서툰 글 하나 가지고

세상 밖에 나오고 보니 만만치가 않았다

그러나 그 속에서도 좋은 사람은 많았지 내가 먼저 연락하고 내 환경과 다른 사람들은 신세계에서 사는 것처럼 보였고 그런 사람들을 알아가는 과정이 행복했었다

그렇게 내 이야기 글을 쓰면서 다가갔지만
많이도 부족한 내 성격은 어쩔 수가 없다
많은 것을 생각하게 됐고
다시 처음처럼 내 자리로 돌아 예전처럼
바쁘게 살고 있다

어쩌면 하느님이 다시 뒤를 돌아보고 쉬어가라고 말하는 것 같아 글도 잠시 놓고 사람들 좋아하고 자연을 좋아하는 나는 다시 그렇게 살면서 나를 보게 되었다
그래도 감사하고 고마울 뿐이다

늦은 퇴근길 장대 같은 비 가리고 내 집으로 가는 차를 기다리고 있다 그래 이렇게 사는 거지 삶이란 검은색 우산을 쓰고 내리는 빗방울이 뚝뚝 떨어지는 소리
내 아버지 생각한다

4부

날마다 뜨는 태양은 같지만

하늘은 다르다

맑기도 하고 흐리기도 하고

우리네 삶처럼

그래도 빛은 항상 있기에

희망이 있는 거지

겨울나무에

그동안 잔잔한 빚을 갚고 나니
마음이 참 편하다

잘 산 것도 못 산 것도 아니다
세상에 태어나 거칠게 살다 보니
아름답게 보기보다는
부정적인 생각을 더 했다

내 좁은 공간에서는 하늘은 넓고 푸르고
내가 밟고 있는 공간은 답답했었다
더 이상 나가지 못했다

글은 자유롭다
어디든 날아갈 수가 있다
나인 것이다

빚은 다 갚았으니 어디든
떠나가거라

그리운 내 어머니

설이 다가오면

내 어머니는
껄막 잠실 벽에 기대고
내 딸 오나 기다리면서 마늘 까는 모습이
아련하게 생각이 났다
허름한 몸뻬 바지에 검정 털 고무신

그리운 자식 기다리며
세월을 보내고
자식들 시집 장가 다 보내고

그리운 외할머니 찾아가
돌아오지 않는다

내 안에 모든 것들은 사랑이었다

무엇이 허전했나 정이 그리웠다

그 추운 겨울 차가운 방 이불을 겹겹이 덮고
스스로 나를 안으면 체온이 따뜻해질 때까지
잠이 들지 못했던 나날들
세상에 혼자 던져진 것처럼
살아가는 방법을 알게 되었다

사람의 정이 무언지 모르는 아이는
자유롭다기보다는
그저 하루하루 주어지는 대로 살아가는 것이었다

그때는 모든 게 풍족하지 않은 시기였기 때문에
어떤 방법이 없었을 것이다

그렇게 세상에 젖어 살다 보니
사랑하는 사람을 만나
한 울타리를 만들고 따뜻한 공간도 생기고

몸이 추우면
사랑을 안고

배가 고프면 행복을 먹고
그리고 사랑이란 꽃이 피고

비가 내리고 바람이 불고
그렇게
삶도 계절처럼 흐린 날도 갠 날도 있었다

사랑이라는 것은 형태는 없지만
옆을 떠나지 않고
서로 한 곳을 바라보며 살아가는 것은 사랑이다

좋은 길
나를 변하게 할 수 있는 길

지금 이 나이에 이제 시작이냐고 하겠지만
이름은 죽지 않으니까

꽃은 시기심으로 피는 게 아니다

초라한 그 집은
불안하고

텅 빈 것 같은 또 하나의 그 집은
보이지 않는 꽃이 피고 있다

꽃이 지는 거 다시 피기 위해서
혹독한 겨울을 안는다

바람 한 점 없는
소나기도 지나가지 못하게 우산으로 덮고
나비 한 마리 날아오지 못하게 그물 쳐 놓고
어찌 꽃이 피는 봄을 기다리는가

온통
시기심
욕심으로 가득 찬 마음에서
봄이 오기를
꽃이 피길 바라는가

겨울 마당

밤새 눈이 내린다
방문 창호지에 어설프게
비치는 하얀빛

밤새 내리는 눈빛 때문에
어둠은 보이지 않았다

눈을 뜨고 방문을 열어보니
하얀 그림밖에 보이지 않았다

아침은 하얀 그림을 보내는데
색칠은 사람들이 한다

마음은

겨울이지만
마음은
봄일 수도 있고

봄이어도
마음이
겨울일 수도 있지

계절은 잊지 않고
약속을 지키지만

마음은 상황에 따라 다를 수가 있다
앞이 보이지 않으니

다시 봄

따뜻한 겨울이다
햇살은 봄이다

다 지나간다
마음이 추웠던 겨울

그래서 봄이 또 온단다
봄은 희망이다

산 그리고 나

네가 그곳에서
비를 맞으며 서 있을 때
나는 그곳으로 갔지

네가 고운 햇살 속에
혼자 서 있을 때
나는 그곳으로 갔지

그 추운 겨울
찬바람 맞고 서 있을 때
내 발도 시렸었지

따뜻한 봄이 왔을 때
봄 향기 꽃향기를 바람에 실어
내 가슴에 안겨주고
나는 수줍은 미소만 너에게 보냈지

너에게 늘 받기만 했지

나를 위한 선물

나에게 가는 길은
눈꽃이 많이도 피었구나

다시 돌아오는 길에
슬픈 비는 내리지 않기를

지금 내리는 비는
봄비인가
겨울비인가

그때는
벚꽃이 피는 날이었으면
내가 가는 길에
봄꽃이 한창이었으면

난 설레고 싶다
내 앞에서

삶의 횡단보도

중간쯤 왔을까
그동안 만나고 또 헤어지고
많은 사람들의 얼굴이 기억나지 않는다
밑바닥에서 허우적거릴 때
내게 손을 내미는 사람이 있었나

허허벌판에서 웅덩이에 빠져
혼자 허우적댈 때 그냥 지나간다
나도 그랬다

인생에서 절반 와 있는 지금은
너도나도
바람이 불면
비가 오면
눈보라 쳐도
하늘 아래서 그냥 맞으며 걷는 것을

오늘 보슬비가 내리고
그래서 우산도 쓰지 않고 길을 걸었지
그 누구도 내게 우산을 주지 않았어
그게 인생이지

그냥 가는 거야

어쩌다가 바람이 나를 안으며 그냥 웃고
눈을 감고 느끼면서도
그건 나를 숨을 쉬게 해주는 거였어

나를 누가 알겠어
나 혼자 가는 거지
그게 인생이지
그 많이 길을 걷고 숨이 차게 걸어도
그것도 중요하지 않아
그런 시간 순간들
내가 행복하면 그만인 걸
오늘은 횡단보도에서 멈춤이
내 앞에서 나를 기다렸지만
그냥 가지 않고 지붕 있는 가게 앞에서
횡단보도를 바라보고 있었어
뛰어가는 사람 천천히 걸어가는 사람
난 잠시 걸음을 멈추었어
저 횡단보도를 걷고 싶지 않았어

살고 있기에

그래도 가자
내가 어디만큼 가 있는지
알고 싶다

선의 좋은 말은 다시 생각하게 하고
가식적인 말은 다시 돌아올 수밖에 없다

오랫동안 함께했던 시간
따뜻하거나 편안하지 않았을 수도 있다

같이 산다고
같이 잔다고
다정한 것은 아니다

끈이라는 거
놓지 못하는 것은
또 하나의 이어지는 연줄인 것이다
문명인 것이다

그러나
후회를 하거나 미워하지는 않는다

나를
너를

사랑 그것
마음 편히 쉴 수 있는 집
그거 하나만 있으면 돼

겨울은 참 추운가 보다
아침이면 창문 틈 사이로 들어오는
새들의 노랫소리가 들리지 않는다

끝에서

내 끝은 어디까지일까
주머니 속에 있는 10,000짜리 지폐 몇 장
그래도 설이라고 작은아이 좋아하는
육우 쇠고기 한 팩 13,000원
남편이 좋아하는 담배 두 갑
내가 좋아하는 막걸리 한 병 그렇게 초라한
명절이 되었다

내 예쁜 딸은 남자 친구 집에서 명절을
보내고

지은아-
남자 친구 데리고 오지 마!
그렇게 말하고 가슴은 울고 있었다

이게
내 끝인가

아니겠지
다시 처음으로 돌아가야겠지
끝은 다시 시작이겠지

감사해 하루야

출퇴근 버스 안에서
무슨 생각하는지 아세요
그냥 열심히 살자

흐린 날에는 마음이 편안하고
해가 하늘에 있는 날에는 마음이 설레고
비가 오는 날에는 아--
막걸리 한 잔에 파전이 생각이 나고
눈이 내리는 날에는 강아지처럼 뛰어놀고 싶고
사는 게 별거 있나요

정자와 난자가 만나 사랑한 죄밖에 없어요
두 마리 꽃들에게 감사할 뿐이죠

*출근 버스 안에서 버스 창가에 앉아

끼리끼리

인정해 주는 가치는 어느 만큼일까
마음의 빚을 지지도 않았는데
생각 없이 퍼붓는 말
피해를 주거나 말을 아프게 하지 않았는데
말에 가시가 섞여 있다

다시 돌아 나온다
적응을 못 하는 게 아니라
또 다른 모습을 보았기 때문에
점점 멀어지게 하는 말은 1초 1분이
외면하는 것이다

계단을 숨차게 걸어가지 않아도 되는데
혼자서 바쁘다

넌 마음이 불안하니
소중한 시간을 헐뜯고 미워하고
이유 없이 그리 할 일이 없나

어떤 사람은 돈이 많아 돈 쓰는데 바쁘고
어떤 사람은 사랑하기 바쁘고

어떤 사람은 먹고살기 바쁘다

살아도 살아도 힘이 든 세상
그러나 나 자신을 힘들게 할 뿐 아무도 모른다
너의 마음을

넌 계단 저 멀리 높이 서 있고
난 계단 아래 끝 가까이 서 있기에
말소리가 들리지 않아서
꼬이고 또 꼬이고
그래서 멀어지는 거야

오늘은 겨울에 비가 내리고 조금은 서늘한 날씨였지만
그래도 봄이 기다려지는 것은
더 살고 싶은 마음이지

난 오늘 더 남은 겨울을
따뜻하게 보내려고 빨간 패딩 점퍼 하나를 샀지
아직은 겨울이니까

현실과 이론

현실적으로 느껴 봤을까
어느 추운 겨울

땅은 얼고
바람은 차고

그 새벽

신문을 캐리어에 담고
어두운 새벽
가로등 불빛 벗 삼아

그때는
추운 것보다
그 우울함에서 벗어나고 싶었지

7월 중순 장마
억수같이 쏟아지는 빗길
신문 하나
비에 젖을까 봐

우산으로 가리고
나는
비에 흠뻑 젖어도

내 할 일에 최선을 다했지

그럼에도 불구하고
답은 없었다

온전히 내 거였다
하늘도 공평했다

다
내가 만들어 가는 길이었다

눈꽃

겨울이란
참 쌀쌀한 바람꽃이다
누구를 닮아서 차가울까

꽃을 피울 수가 없어서
슬픈 눈꽃이 되어 하늘에서 피었을까

차가운 바람

서늘한 바람이 불던 그날 저녁
마지막 가는 길에서도
내 이름은 없다

국민학교도 힘들 만큼 다녔던
나는
어느 곳에서도 나는 없었고

수없이 거절도 못 하고
순종했던 나는

하얀 종이에
내 이름 적어달라고 했던
그날 밤

그 누구도 대답을 하지 않고
고개만 숙이고

그렇게
서늘한 바람만 불었다

내 안에 시를 깨운다

올해는
적자도 있었지만
내가 하고 싶은 시집도 내고
좁은 세상에 살다가
또 다른 세계에 눈을 뜨고
접하면서
내 갈 길을 찾기도 했다

그동안 모르고 살았던
내 안의 세계를 찾았다
뛰어가지 않고
천천히
한 발 한 발 내디디면서

내가 배우고 싶던 것들을
하나하나 안고 싶다
아이들도
이제 하나하나 내 품을 떠나며

나는
빈 공간에 나를 채우고

나를 위해 살고 싶다

올 한 해는
여러 소통을 하면서
많을 걸 알게 되고
큰 선물을 받았다

날마다 뜨는 태양은 같지만
하늘은 다르다
맑기도 하고 흐리기도 하고
우리네 삶처럼

그래도 빛은 항상 있기에
희망이 있는 거지

내년에도 나는 열심히 기록할 것이다
내 속에서 잠든 것들을 깨울 거다

나를 사랑할 것이다

바쁜 두 달은 내게는 힘이었어도 행복함이었다
그동안 놓아버렸던 것들을 하나씩 하나씩 주워 담는다

어쩌면 이 바쁜 것도 행복한 하루하루일 것이다
식탁 위에 공과금 영수증 독촉장 글이 새겨진 고지서가 날아오지 않는다

예전에도 그랬지만 공과금 고지서는 내가 살고 있구나 사소하게 생각해 주는 것이었다
꼬박꼬박 낼 수 있는 내 능력의 힘. 안전한 삶이 얼마나 행복한 것인가. 잃어버렸던 집을 다시 찾는 거 힘들겠지만 내 능력 부족하므로 인정을 하고 사는 날까지 감사하는 마음으로 살아야지

요즘 난 내 직업에 얼마나 감사해야 할 일인가 하고 나를 칭찬하며 산다
옷을 예쁘게 만든다는데 자부심을 갖고 퇴근하고 집으로 돌아와 하루에게 감사를 하고 짧은 시 하나 쓰고 내게 힘이 되었던 분들 얼굴 한번 생각하고 웃는다

피곤한 몸을 안고 눈을 감는다

자주 꾸었던 꿈도 꾸지 않고 깊은 잠을 청할 수가 있다
이렇게 노년의 삶을 보내야지
예쁜 글 예쁜 삶 내 그림을 그려야지

그리고 꼭 하고 싶은 것은 공부를 하고 싶다
기본 교육을 배우고 싶다
난 중학교 정문 후문 내 발길이 기억을 못 한다
아주 짧은 등굣길 하굣길

늦은 공부를 하고 싶다
그리고
난 사랑을 할 것이다
하늘과 땅
바람 비 들에 핀 꽃들 추운 겨울까지
눈 내리는 하늘 펑펑 눈꽃이 내리는 겨울을
그것들을 시로 쓸 것이다
난 시를 사랑할 것이다

나를

그냥그냥 사는 거야

나는 사람을 싫어하지 않아
그런데 어울리지 못해서 혼자 있는 걸 좋아해

사람들의 관계를
자식 결혼식 장례식에서 알 수가 있다고 하는데
하객이 많고 조문객이 많으면 좋겠지만

그 사람들과 관계를 유지하고 살면서
얼마나 많은 시간과 돈이 들어갔겠니
다들 바쁘게 살면서 시간을 쪼개 만나고 했겠지만

나는 그렇게 살지 못했어
왜냐면
내 공간은 나 혼자였거든

대인관계가 부족하다 세상을 너무 모른다 순진하다
이런 말들 정말 싫었어
복잡한 세상에 들어가고
싫지도 않고 많은 사람들과 어울리지도 못하고
정을 여러 사람들에게 나누어 줄지 몰라

많이 소심해서 그런지 몰라도
하지만 나는 항상 사람들을 평가하지는 않아
왜냐면 그 나름 이유가 있기 때문에 살아가는 거니까

우리들은 목적은 다르지만
세상을 걷고 있는 건 다 똑같아
나는 이렇게 글을 쓰면서
내가 꼭 하고 싶은 것을 하면서

뒷산도 가고 시장을 가다가 눈이 내리면
밖이 보이는 카페 창가에 앉아
따뜻한 커피 그리고 창밖에 내리는 눈을 보고

내 겨울이 다가오는 걸 느끼면서
예쁜 글을 남기고 그렇게 그렇게 살다가
약속 시간이 되면 갈 거야

그 누구도 인생을 살면서
이렇게 해 저렇게 하는 거 오지랖이야

자신감

나를 믿을 수 있게 하는 자신감
오늘이 어떤 상황이 된다 해도
자신감 있게 버티고

지금은 서늘하고 춥다고 느끼겠지만
나 자신 하나 믿고 살면 되지

30대 그 불안한 마음을 잡지 못해
흔들린 적이 있었지
그러나 나 자신을 버리지 않으려고
내 정신과 싸운 적이 있지

그것 또한 자신감이었지

50 중반에 지금도 자신감으로 살지
먼 훗날
그때도
그 자신감으로 버티고 살아야지
난
그렇게 할 수가 있어
파이팅

욕심

남편이 겨울 코트 한 장이 불량이라고
오늘 작업실에 가서 고치고
문고리에 걸어놓고 오라 한다

그렇게 정리하고 이화동에서 집까지 걸어왔다
한동안 몸이 좀 둔했는데
요즘 만 보 걷기를 시작하고
다시 정상 몸무게로 돌아왔다
돈이 욕심이 아니라 살도 욕심 미련도 욕심
내 것도 아닌 것을 바라보는 것도 욕심이다

재산만 욕심이 아니라
사랑도
관심도
내 것이 아닌 것을 빼고 싶은 것도 욕심이다

다 능력대로 사는 것이다
그러나 마음이 예쁘면 한없이 주고 싶은 게
사람 마음이다

5부

잠이 든 집은

아무도 나를 반기지 않았다

삶은 침묵이었다

빛

안개꽃을 안고 미소 짓고 있는
그녀는
누구를 기다리나

미소 짓는 얼굴은 안개꽃보다
아름답다

두근거리는 마음은
그대를 부르고

기다리는 동안 뛰는 심장은
그대 귀에 들릴까

먼발치에서 다가오는 그대는
내 사랑

나의 빛이었다
내 마음 벌써
그대를 안고 있다

사랑한다고

동화 속 주인공을 만났다

어린 소녀는 어두운 곳에서 혼자 떨고 있을 때
천사는 달빛 그늘에 앉아
소녀 바라보며 빛을 보내고

불안한 마음을 달빛이
데리고 간다

어린 소녀는
달빛에 앉아 있는 천사와
잠깐 친구가 되고

기억에서 깨울 때
동화는 전설이 되고
늦은 퇴근길 하늘에 떠 있는 달빛은

동화 속 주인공을 만난 것처럼
발길 멈추고

동화 속 주인공을 만났다
나를

혼자였다

길고 긴
삶의 길을 걸으면서도
그냥 웃는다

어느 날 급한 일을 정리하고
일요일 새벽 첫 버스를 타고
집으로 오는 길

우산 질질 끌고
졸린 눈을 깨우면서
현관에 들어설 때
혼자였다

잠이 든 집은
아무도 나를 반기지 않았다
삶은 침묵이었다

어쩌면 이 삶도 내가 선택했기 때문에
혼자였어도
너도 혼자였으니
너와 나는 혼자였었다

혼자만의 작은 여행

그해 토요일 오후에 작업을 끝내고
충무로에 있는 대한극장에서
집으로 가는 길

영화표 한 장 예매해 놓고
극장 앞 벤치에 앉아
커피 한 잔은
내겐 천국이었다

뭐 먹을래
어디 갈까
이런 말 필요 없이 나 혼자의 즐거움
혼자만이 알 수가 있다
영화 내용보다
나 혼자만이 영화를 찍고
집으로 돌아오는 길은
전도연 집으로 가는 길보다

그때
나 혼자만의 추억을
더 기억한다

고맙습니다

죽고 태어나는 것이
사람이다

하루에 열두 번 죽어도
다시 살 수 있는 게 사람이다

운명은 타고난다고 하지만
가만히 앉아 있으면 그것은 죽은 것이다
밟고 밟히는 것이 인생이다

모자란 내가 거친 세상을 살아보겠다고
세상 밖으로 나와 걷고 또 걷고 힘들었지만
그렇게 살아야 더 독해지고 단단해지는 것이다

그러나 그 속에서는 사랑이란 것들 머물지 않을까
그래서 딱딱한 삶이 조금은 부드럽지 않을까

자주 하늘을 바라본다
고맙습니다
감사합니다
마음을 전하기도 한다

내 작은 키는 거친 세상을 잘도 넘어간다
하늘이 있기 때문에

고맙습니다
감사합니다
절대 버리지 말아야 할 인사말이다

가시

물의 날
어떻게 그물에 걸려 세상 밖에 나오고 보니
눈이 부셔 살 수가 없어
눈을 감아버렸다

도마 위에
갈기갈기 찢어져서
속이 다 보이고
아픔은
하늘이 가지고 간다

살기 위해서 얼마나 몸부림쳤을까
가슴을 찌르고 상처 파인 흔적

가시가
여기저기 뿌리처럼 이어지고
그때마다 얼마나 아팠을까

가시는
삶의 흔적이다

멈춘다

마음 둘 곳이 없어 땅만 바라고
개미 한 마리 나를 피해 갔다
넘지 못 할 선이라 그런가
가끔은 힘든 것들을 포기하고 싶을 때가 있지

내 발끝에 개미 한 마리
넘을 자신이 없어 돌아가는 걸까
살다 보면 그냥 그냥 그렇게 돌아서서 가지
힘든 게임을 하고 싶지 않아서겠지

그래도
나는 열심히 올라서려고 했지만
늘 내 앞에서는 벽이 있었지
그래도 넘고 또 넘었지
이제는 넘을 힘조차 없다

개미 한 마리 하루 먹거리 찾아
열심히도 돌고 또 돌고

신발

아침 되면 어디로 갈까
너도 궁금하겠지만

나도 오늘을 모른단다

어제처럼 걷다가
멈출 수도 있고
돌아올 수도 있단다

하지만 조금 피곤한 삶을 살아도
너는 항상 내 발이 되어
나를 버티게 해주는 신발이었지

끝까지 나를 지켜주는 신발
내가 어딜 가든
돌아오든
집 현관 입구까지 나를 편하게
데려다주는 신발이지

길

나를 안고
뒤로 돌아서서
다시
내 길을 걸어 봐야지

퇴근길
보도블록 사각형 네모 안에
내 발을 디디고
한발 한발 걷는다

선을 넘지 않으려고 사뿐사뿐
선은 절대 없어
길은 자유롭게 걸으라고
있는 거야

투명 인간

수없이 내게 던져 놓았던
말들

내겐 상처가 되고
방어를 못 했던 나는 투명 인간이 되어버리고
모르는 게 아니라
알면서도 모른 척했을 뿐인데

아주 오래전
직선적인 내 성격에 떠나는 사람들이 있었다

그 이후로
참는 법을 배우고 좋은 사람을 잃지 않으려고 그랬는데

지금에 와서는 내가 바보가 된 느낌을 받는다
아니 나는 바보다

통증

글 속에서 기억을 하나하나 지우고
그 공간에는 가볍게 웃는 글을 채워놓고
지나갈 때마다 웃자

글도 아닌 글을 공간에 가득 채워놓고
말도 안 되는 글만 가득 담고 있다

담아 가고 싶은 글도 있고 버리고 가야 할 글도 있다

어제는 마음속에 있는 말들을 밖으로 내보냈다
푸념을 늘어놓고 전화를 끊고 긴 한숨만 쉬었다
안고 가기가 싫어서

그동안 많은 생각을 하고 또 하고
힘들어했던 글
힘들어하는 통증,
이제는 그 통증이 밖으로 나오고 싶은가
내 말을 듣지 않았던 그 말 그 글들
이제는 아프다 아프다
입 밖으로 나온다
글이 아프다 말을 한다

맞춤법

글이란 문법으로 맞추고
예쁜 글을 모아놓고 시를 쓴다

글같지 않은 글을 쓴다고 하겠지만
소소하지만 소소한 그대로 쓰고 싶은 것뿐이다

어떻게 똑같은 일생이 될 수가 있겠어
책을 많이 읽고
일을 많이 하는 사람

하루가 부족해 잠을 네 시간 다섯 시간 자고
새벽같이 일터로 가는 사람 이런 환경들이
각자 다른 글이 되는 것이다

글 속에 명언 특별한 단어 이해하기 힘든 단어들
국어사전을 보고 몇 번이고 되새김질한다

지식이 적어
이해하는 방법을 모를 때도 있었다

아침 되면 좋은 글 보내주는

글 속에서 단어 공부를 한 적이 있었다

아무것도 아닌 것이 아니다
책을 보거나 글을 볼 때 특별한 단어는
국어사전을 보고 이해를 한다

내 소심한 글에서
벗어나고 싶은 생각이다

친구 1

하고 싶은 말이 많은가 보다
내가
자꾸 커피를 마시고 싶어 한다

너의 앞에 따뜻한 차 한잔
나의 앞에 따뜻한 차 한잔
놓고 무슨 말을 할까

그냥
마주보고 웃기만 할까
그럴 만큼 편안한 사이가 아닐까

이렇게 편안한 친구 하나쯤 있죠
저는 있어요
마음이 따뜻한 친구

늘
마음이 바쁘지 않았어요
그 친구와 나는

친구 2

사람들 사는 속에서
알 수 없는 미로의 길
그 길에서 헤맬 때
손을 내밀어 잡아 주는 친구

아무리 냉정한 세상이어도
냉정함은 사람들이 만드는 걸

아파본 사람은
아픈 사람의 마음 알지

괜찮아요!

그 말 한마디가 얼마나 따뜻하게 들리는지
따뜻한 말 한마디가
친구일 수도 있지

소심한 성격

 소중한 시간을 내줄 만큼 마주할 사람
 사람 하나 얻는 것이 시간과 돈을 지불하면서 관계를 유지하고 그러다가 조금씩 상대를 알게 하고 좋은 점 나쁜 점을 갖고 산다

 사람 사는 게 거기서 거기인 걸 이해할 수 있는 부분은 이해하고 아닌 것은 아니라고 해주면서 관계를 유지할 수 있는 사람과 사람 사이
 사람은 얼굴만 봐도 같이 술 한 잔만 마셔봐도 안다는 것은 아닌 것 같고

 시간을 두고두고 보는 것 같아
 나 역시 그런 사람이기에 나도 돌아보고
 반성도 하고 말실수한 게 없나 생각도 하게 되고

 나의 단점을 이야기하면서 그랬구나 미안해하고 사과를 하고 고쳐보려고 노력하고 조금 거리를 두고 시간을 갖고 다시 다가가고 그렇게 유지하고 싶었다

 그러나 한번 믿음에서 멀어지면 머뭇거리다가 다시 내 자리로 오게 되고

그렇게 짧게 끝나는 인연들 지나고 보면 별것도 아닌 것들 순간 소심해지고 우울해지지만 이것도 살아가는 삶의 길인 것을 무엇이든 기다려주고 참아주고 존중해 주고 그렇게 살고 싶었다

 이제는 더 이상 더 나가지 않고
 내가 갖고 있는 것만으로도 감사하며 살겠노라고 주어진 삶을 그렇게 살아가겠다
 나를 아끼며

내 일기

그래도
끝이 없는 그림들
어떻게 그릴까

웃는 얼굴이 기억나지 않아도
웃고 살지 않았을까

그렇다고 슬픈 일이 얼마나 있었을까
행복하지 않았으면
여기까지 왔을까

그래도 살 수 있는 것들에
감사해야지

오늘도 일기를 쓸 수가 있어
행복하지

노을빛

언제가 퇴근길 버스 안에서
하늘을 보는데
구름이 어찌나 예쁜지

저 구름 밟고 걷고 싶다
그런 생각을 했지

하늘에 떠 있는 구름과 노을빛
구름을 밟고 가 노을빛 등불 삼아
저곳을 한 번 가볼까

그곳에 내 부모님 계실까
그곳은 어둠을 밝히는 노을빛이
등불이 되는 건가

돈

바쁜 내가 있어 좋다
날짜 가는지 계절이 가는지
이렇게 살고 싶다

난
아침 되고
저녁이 되고

퇴근길 버스 안에서
글 한 줄 쓸 수 있는 내가 좋다

가끔 내 딸아이와 아들이
그리고
남편과 외식할 수 있는 시간 있어 좋다
이것은 바쁘기 때문에 가능하다는 즐거움이다

난
내 안에서 사랑할 수 있는
내 가족이 있어 감사하다

글쟁이

어떤 글쟁이가

글을 그만 써야지 하고
연필을 놓고
그림을 그린다

그것도
글쟁이

연필은
글쟁이였다
그림도 글쟁이였다

그러다
낙서를 한다
답을 몰라서

경험

시인도 아닌
시인이라고 생각해 본 적이 한 번도 없다
있는 그대로 글을 쓰다 보니
나를 너무 많이 내보였고
무심함도 많이 보였다

돈 빌려달라는 말
언제 준다는 말도 하지 않고
그냥 던지는 말

사회 때가 묻지 않았던 말
무식하다는 말
입에 담을 수 없는 말
들었지만
이런 말은 죽으라는 말이었다

마음속으로 존경했던 말들
그 말조차도 거짓말이 되어버렸다
글이라는 것은 약간의 선의 거짓도 있어야
세상 살아가는 게 편할 수도 있다

글을 배운다는 것은
세상을 순조롭게 배워가며 살아가는 것 같다

오늘은 그동안의 서운했던 글들을
지워버렸다

이제는 그런 글들과의 거리를 두고 싶다
말들의 상처는 내가 부르는 것이었다

아름다운 세상

사랑은 힘이 들지만
사랑은 예쁘지

그 속에 너도 있어

그래서 세상이 멈추지 않는 거야
사랑 때문에

펭귄들 수업 중

연필 하나
지우개 하나
공책 하나
그리고 생각할 수 있는 머리 하나

그럼
무엇이든 써봐

지금도
난 국민학생

6부

빛은

내가 만든 거라는 거 알게 되고

오늘은 내일은

시간이 허락되는 날까지

그림 한송민

우리 벽지에 꽃이 피었다

남편은
벽지를 예쁘게 바르고

그다음 날에
아이들은 벽에 꽃 그림을 그린다

엄마 예쁘지!

그래
예쁘다

나도
벽지에 그림을 그린다
아이처럼

우리 집
벽지는
아이들의 눈 속에 그림이
예쁘게 그려져 있다

퇴근하는 남편이

이게 뭐야?

왜
꽃이 피었잖아
우리 집에

에이
또
다시 벽지 발라야 하잖아

그냥
둬!

내 삶

이렇게 살아야 해
분주한 아침
하루를 시작할 때
늘 10분 5분이 귀했었지
출근 버스 오는 시간에 맞춰 버스 타러 간 기억
늦은 퇴근
퇴근 버스 안에서 20분 20분은 휴식이었다

그 안에 하루 시가 있었지
그렇게 분주하게 살 때가 좋았던 것 같아
세상 담쌓고 사는 게 아닌데
그래도 열심히 산다고 생각했는데
시간이 지나 그 세월은 다 내 것이다

어제 아침 출근 버스 안에서
예전에 썼던 시가 생각나 혼자 웃고
그래 시간을 기억하고 오늘이 지나 또
이 시간을 기억하고
그래 지금 이 순간 제일 행복하다고
그 행복이 나를 지탱해 준다

마이너스

다시 지우고
다시
쓰는 게 인생

지우고 싶은 글도 있고
지우고 싶은 삶도 있겠지

띄어쓰기 맞춤법 틀릴 수도 있지

정확하게
사는 사람 있나

내 삶은
띄어쓰기 맞춤법처럼
서툴다

정지

지금은
내 작업장 문을 잠그고
매일
매일
똑같은 시간을 보내지만

그래도
내 마음에 문은 잠그지 않는다

다시
작업장도 내 삶도
문을 여는 날이 오겠지

오늘도
글 몇 줄을 써본다

내 글을

내 삶의 빛

어둠을 밟고 한발 한발 걷는다
천천히 걷다 보면
빛과 마주하고
한 줌 빛을 담고 하루를 산다
내 속의 빛은
나를 하루하루 살게 길을 밝혀주고

어두웠던 마음은
어느새 빛이 되어
그곳으로 향하고 있었다

빛은
내가 만든 거라는 거 알게 되고
오늘은 내일은
시간이 허락되는 날까지

나는 빛 되어 살고 싶다

너라는 인연은

인연이라는 것이
그냥 쉽게 이어지는 것이 아니라는 것이다

그렇게 이어지기까지는 많은 일들이 실타래처럼 엉키고
둥글둥글해지기까지 많은 것들이 모여 있겠지

그래서 순간 서운해도 다 이해하고
감싸면서 이어지는 것이 인연인가 보다

언제가 우연하게 스치고 지나갈
아주 작은 추억 하나 생각이 나면
입가에 미소가 머물 때 그때는 자유롭게
가벼운 마음으로 아주 잠깐 함께하겠지

더 걸어야 할 내 발길
지금은 그때보다 더 가볍다

난 오늘
오래전 내 추억을 만나러 간다

촉

다 사랑이었구나
미움도
시기도
욕심도

그러나
그곳에서는 보이지 않았던 것들이
그곳을 벗어나
더 환하게 보이는 것은

내 마음의 움직이었다

비정사

사람의 말도 음식이다
입속에서 나오는 말은
달고 쓰고 거칠고
부드러운 면발처럼 쫀득쫀득한 말, 정이다
사랑이다

누구나 그런 말은 구분하지만
어느 정도 상대방 마음을 다치지 않게 대화도 중요하다

입에서 잘못 나오는 말은
독이나 같아
듣는 사람은 상처가 되어 암 덩어리처럼 커져
큰 상처가 된다

입에서 나온 말은 그 사람 심성인 것이다
늘 뇌 속에서 그런 부정적인 말이 자라고 있는 것이다

순하고 못난 사람 골라 어떻게든 뜯어 먹고 사는 사람
본성을 밖으로 내보이는 것이다
그래서 타고난 태성은 그 사람 운명인 것이다

사는 법

 난 세상에서 제일 먼저 배운 게 눈치다
 16살 어린 소녀
 아버지 손을 잡고 광주역에서 부산 가는 막차를 기다리면서 광주역 앞 작은 포장마차 안에서 아버지는 안타까운 마음 때문에 소주를 마시고, 내겐 김밥 한 줄을 사주고 부산 가는 막차 시간을 기다리면서 그 순간 술김을 빌려서 쓰린 가슴을 달랬나 보는 것 같았다

 나는 신발 공장 여공이 되고 낯선 세계에서 제일 먼저 배운 게 눈치이다
 지금까지 잘 버티고 살았던 게 눈치 때문에 그러나 나는 한 번도 그 누구에게 피해준 적이 없다
 잘나지 못한 성격 있는 그대로 열심히 살았다 어쩌다가 글을 쓰면서 배운 것도 많았지만 상처도 많이 받았다
 그러나 그런 것들은 어쩌면 더 강하게 나를 만들어가는 과정이었다

공감

다른 사람들
다른 생각

식탁 위에 차려진 음식 앞에서
먹기 싫은 음식도 먹어야 할 때가 있다
더불어 살아야 하니까

진상 샘플 제작

이렇게 살아가는 거다

샘플 작업하면서

이렇게 살고 싶다

지난 삼 년은 힘든 날이 많았다
코로나로 인해 경기가 마비되고
일거리가 없어 내 일상은 엉망이 되어 버렸다

적금 깨고 보험 해약하고 집 팔고 신용 회복 위원 신청하고 쌀 살 돈 없어 아들한테 돈 빌리고 공과금 체납하고 공장 임대료 반으로 잘리고 속으로 받은 스트레스는 참 무서웠다 다시 또 우울증이 올까 봐

새벽이면 산에 올라가 시를 쓰고 그렇게 견디며
시간을 보냈다
가끔 지인들에게 전화해서 내 속도 보이게 했고
힘을 얻기도 했다

올해 들어 조금씩 일거리가 들어오고
그럭저럭 지내고 있지만 또 언제 어떤 일이 있을지
이런 글을 쓰며 살고 싶다
그리고 글 욕심 시집 욕심은 내고 싶다
글 쓸 때 제일 행복하다
때가 되면 공부도 하고 싶고 가끔 여행도 가고 싶다 그렇게 살고 싶다

자유

넘칠 때 아껴라
조금 비워두어라

잔이 채우고 넘치면
그 순간은 다시 돌아오지 않는다

채우지 마라
빈틈을 놓고 빈 공간을 채우지 마라

사랑은 빈 공간이 필요하다
가득 채워진 공간은 답답할 뿐이다

주옥

귀하지 않은 사람은 없다

세상은 살 만한 가치가 있어
세상에 보내자 나온 것이다

그리고 아름다운 세상을 만든다

내 가치는 내가 만들어 가는 것이다

밑그림

살다 보면
나도 모르게 굳은살이 조금씩 붇나 봐
그래서
아파도 아픈지 모르나 봐
네가 할 수 있는 일들을
내가 할게
그럼
너는 돌아서서 가버렸지
어쩌면 그건 내 잘못이야
양쪽 손에 짐을 들고 가는 나는
그것 내가 만드는 거였어
항상 내가 할게
나도 모르게 스며든 거지 단어가
아주 옛날부터
나도 모르게 그렇게 된 것 같아
퇴근길 버스를 타고 집으로 가는 길에
창밖의 사람들

지금 무슨 생각을 하고 걷는 걸까?

시계

애쓰지 마라
내가 오고 싶어서 왔는가
눈을 떠보니
세상이 보이더라

처음 보이는 것
나를 사랑해 주는 내 어머니
내 어머니는 내게 시계를 선물해 주었지

어느 날
그 시계를 잃어버렸지

그다음은
내가 시간을 조정하면서 살았다

그 시간 길에서 헤맬 때도
내 어머니는 시간을 기억했지

위
아래
그 선만 지키면 절대 무너지지 않는다는 걸

서른의 자유

 서른 나이에 자유가 무언지 알고서야 밤하늘에 떠 있는 별이 보인다고 신데렐라도 아닌 그런 존재 하나

 사춘기 나이에 스펀지처럼 자연스럽게 스며드는 세상 신기한 것도 많고 가보고 싶은 것도 많은 나이 직장 생활하면서 외식 모임도 가고 싶고 더 놀고 싶은 나이

 살면서 쌓인 스트레스를 풀고 잊고 즐겁게 살고 싶은 나이 늘 부모 의지로 살고 아버지가 선을 긋고 여기까지만 놀다 들어오라 그렇게 살던 아이가 언제부터 마음속에 섬 하나 만들어놓고 살고 있었다

 언젠가는 그 섬에서 자유롭게 살아야지 언젠가는 그렇게 그렇게 살고 싶던 아이는 나이 서른 살에 독립을 선언하고 집을 나가야겠다고 생각을 말로 한다

 코로나 이후로 경제 사정이 좋지 않아 집을 팔게 되었다. 내 나이도 들어가고 그래서 작은 제품 공장을 차렸다. 딸아이가 모아 둔 돈 3천만 원으로 나중에 결혼하면 갚을게 하고 그러나 생각처럼 쉽지 않았다
 어느 곳에서도 일감을 구하기는 쉽지가 않고 겨우 어쩌

다 한두 번쯤 일거리로 생계유지 관리비 모든 것들이 부족했었다

  결국은 집을 팔고 빚 정리하고 딸아이 돈을 갚았다
  딸아이는 그 돈으로 자유를 얻고 싶었던 것이었다

  내가 내 딸에게 너무도 끝 죄를 지고 살았구나
  내가 너를 내 틀 안에 가두고 살았구나

  난 내 딸아이를 내 품에서 떠나보내고 며칠 간은 힘들이었지만 내 작은 자유가 하나 생겼다

  내 작은 방이 내 공간이 되었다
  그래서 이런 상황들이 많은 것을 생각하게 하였다

  내 아이의 밝은 모습이 참 행복하게 보였다
  비록 내 속에서 나온 자식도 절대 내 것이 아니라는 걸 알면서도 가족이라는 틀 안에 가둔 것이었다

  자유는 자유로워야 한다

계산

 많이 부족했던 내가 여기까지 와 버렸고 나 스스로 잘 살았다고 자화자찬하며 행복해하고 살았던 날들

 3년 코로나 시기에 어려움 많았고 삶이 조금 고달팠지만 그래도 심심한 시집을 3집까지 내고 좋은 사람도 많이 만나고 좋은 시간을 보내고 지내왔던 건 큰 행운이다

 핸드폰 속 세상은 참 신비롭고 아름다운 것들이 많은 사각형 세상 원형보다 세상을 조금 각지게 볼 수 있는 사각형의 세상 손바닥 위에 놓인 세상

 문학이라는 공간에 들어가 내가 하고 싶은 것을 터치해 꿈을 이룬 내 공간이었다
 울고 웃던 그리고 나를 달래준 이 공간 평생 잊지 못할 그리움들, 또 사랑을 이어가는 공간 이 공간 속에서는 내 영혼이 존재하고 있는 공간이다
 늘 내 곁에서 응원해 준 친구 계산이라는 잣대를 들고 상대했던 것들 그러나 계산이라는 것은 꼭 필요한 것이다
 계산이 있어야 관계가 무너지지 않는다

행복한 일요일

일요일 하나 모아
일요일 둘 모아

내 딸
시집갈 때 이불 한 채 해줄까
예쁜 밥솥을 사줄까

내 일요일이 피곤해도
따뜻할 수만 있다면 난 행복해

어쩌면 지금 뒷모습은 그대로이구나
어린 시절 빨간 민소매 원피를 입고 있고
뭐가 슬퍼서 서럽게 울었니

그런 아이가
지금은 웃고 있다
내 앞에서

일요일 아침 출근길에서

대인 관계

모른 척하기는 쉽지가 않다
말처럼
그러나 침묵만이 길일 수도 있다
아무리 입에 담지 못할 말을 해도
그때는 진심을 다해서 존경과
신뢰 믿음으로 다가갔지만
더 알수록 발길을 멈추게 되었다
다시 돌아 나와 생각을 하게 된다

이 길은 어딘가 모르게 미로 같은 길
지금은 침묵만이 참는 길이다
사람과 사람들의 관계는 좋을수록 행복해지는 것이다
풀 수 없는 셈법 시간이 좀 필요한 것뿐이다

가시 돋친 말은 아프고
꽃 같은 말은 사람을 더 행복하게 하는 것이다
모든 관계는 사랑으로부터 시작되는 것이다

따듯한 말이 더 편하고 안정적이다
부드럽게 살기는 쉬운 게 아니지만
감정 섞인 말은 더 멀어지게 한다

살다 보면 생각지도 못한 세계를 만날 수가 있다

그 속에서 벌어지는 일들은 잘 알 수는 없지만
더 깊이 들어가 보면
그럴 수도 있겠구나 할 수도 있지만
느끼는 감정이 다르고 생각이 다르면
더 들어갈 수가 없는 것이다

그 많은 조직 생활들을 어찌 다 알 수가 있을까
약속이라는 것은 최선을 다하는 마음이 예쁜 것이다

그 약속을 지키지 못할 때는
대화로 풀어야 할 문제인 것이다
자꾸 피하고 말을 머뭇거리는 것은 좋은 방법이 아니다

언젠가는 이 기억이 상처가 될지 추억이 될지는 모르지
그때는 좋은 감정이 더 컸으니까

중독

점심 때 라면 먹자
그래서
라면을 사러 가려 하니

라이터도 한 개만 사 와
그래서
담배 한 갑
라이터 다섯 개
라면 한 봉지
달걀 열 개

라이터 한 개만 사 오라 했는데
어차피 계속 필 거잖아

한마디 하고
점심은 라면으로
나보다
담배 라이터를 보고 웃는 남편

중독

시 한 편

시 한 편 올려놓고
지나가는 사람들은 눈으로 보고
그 시 한 편은 철창에 갇힌 원숭이 한 마리

비웃는 눈빛
공감한 눈빛
슬픈 눈빛

다음 원숭이는 무슨 표정으로 있어야 하는지

모든 감정을 써 올려놓고
지나가는 사람에게 평가받는 느낌

꼭
철창에 갇힌 원숭이 같았다
좋아하나 던져주면 감사합니다
마치 먹이를 받아먹는 것처럼

왼손잡이

깍두기를 자른다
자꾸 사선으로 잘린다

왼손잡이 나는
항상 사선이다
어린 시절 가족들과 식사를 할 때
왼손으로 수저를 잡으면

아버지는 수저 똑바로 잡고
밥 먹으라고
혼난 기억이 있다

국민학교 입학식을 하고
처음 연필을 잡는데
왼손으로 글 쓰는 걸 보고
또
지적을 한다

가끔은 왼손으로 글을 써보기도 한다
뜨개질 칼질 먼저 왼손이
나간다

지금도 젓가락은 왼손
수저는 오른손

의류 작업을 할 때도
왼손으로 가위 사용을 많이 한다

남편은 왜 이렇게 잘랐냐고 하면
나도 몰라?

오늘도 깍두기를 자르는데 사선으로
자꾸자꾸 사선이다

난
그래도 왼손잡이가 더 편하다

그림과책 시선 305

돌머리 새머리 그래도 난 괜찮아

초판 1쇄 발행일 _ 2024년 6월 27일

지은이 _ 이인희
펴낸이 _ 손근호

펴낸곳 _ 도서출판 그림과책
출판등록 2003년 5월 12일 제300-2003-87호

03924 서울특별시 마포구 월드컵북로54길 17 821호
     (상암동, 사보이시티디엠씨)
     도서출판 그림과책
전화 (02)720-9875, 2987 _ 팩스 (02)720-4389
도서출판 그림과책 homepage _ www.sisamundan.co.kr
후원 _ 월간 시사문단(www.sisamundan.co.kr)
E-mail _ munhak@sisamundan.co.kr

ISBN 979-11-93560-12-9(03810)

값 13,000원

이 책의 판권은 지은이와 그림과책에 있습니다.
잘못된 책은 교환해 드립니다.